Marie & Richard Hofmann

Die große Bucket List für werdende Eltern

MARIE & RICHARD HOFMANN

— DIE GROSSE —

BUCKET

FÜR List

WERDENDE

ELTERN

Impressum

Deutschsprachige Erstausgabe Juni 2022
Copyright © 2022 Marie & Richard Hofmann

Marie & Richard Hofmann werden vertreten durch:
Larbi Bougendar
Bergstraße 63e
8712, Stäfa
Schweiz

Umschlaggestaltung und Satz: Sprudelkopf Design – Jasmin Raif,
www.sprudelkoepfe.com
Umschlagmotiv und Bilder: iStockphoto
Illustrationen: Jasmin Raif
Verantwortlich für den Druck: Amazon Distribution GmbH, Leipzig

Kontakt:
E-Mail: verlagshaus.bougendar@bluewin.ch

Taschenbuch: 978-3-907397-00-8
Hardcover: 978-3-907397-01-5

VORWORT

"Hätte ich das doch bloß auch mal gemacht ...!"

Wohl jeder von uns hat den Wunsch, sein Leben zu genießen und vor allem die besonders schönen Momente und Phasen bis ins Detail auszukosten. Und auch ihr habt euch sicher Ziele gesteckt, habt Vorsätze, die ihr unbedingt in die Tat umsetzen möchtet. In der Alltagsroutine, im täglichen „Hamsterrad" gehen viele dieser Wünsche jedoch nicht selten einfach unter. „Ach, das können wir später auch noch machen", heißt es oft, oder: „Dafür haben wir jetzt keine Zeit." In der Folge werden Pläne immer wieder verschoben und verschoben, bis sie komplett in Vergessenheit geraten. Vielleicht seid ihr manchmal auch unsicher, ob ihr ein bestimmtes Vorhaben wirklich umsetzen solltet oder könnt. Euch fehlt der letzte kleine Anschub, den ihr benötigt, um eure Ideen Wirklichkeit werden zu lassen.

Welche Gründe hier auch immer den Ausschlag geben: Letztlich verzichtet ihr auf viele Dinge, die ihr gerne in Angriff nehmen oder ausprobieren möchtet und die euer Leben einfach schöner machen können. Und das ist doch schade, oder?

Um zu vermeiden, dass eure Wünsche und Vorhaben auf der Strecke bleiben, gibt es die sogenannte Bucket List. Die Bezeichnung stammt aus dem Englischen und bedeutet frei übersetzt so viel wie die „Löffel-Liste". Streng genommen handelt es sich um eine Auflistung von Dingen, die man erledigen möchte, bevor man „den Löffel abgibt", also stirbt.

Dieser Begriff hat sich in Anlehnung an einen gleichnamigen amerikanischen Kinofilm in den vergangenen Jahren immer weiterverbreitet. Eine Bucket List muss sich jedoch nicht zwangsläufig auf das Leben allgemein beziehen. Vielmehr haben sich solche Ideensammlungen auch für bestimmte Lebensabschnitte bewährt.

Eine Bucket List hilft euch dabei, eure Ziele nicht aus den Augen zu verlieren und euer Leben damit intensiver und glücklicher zu gestalten. Denn Dinge, die ihr schriftlich festhaltet, könnt ihr auf Dauer nicht einfach beiseiteschieben. Eine Bucket List ist ein Ansporn und soll euch motivieren. Möglicherweise wird euch durch das Erstellen und Bearbeiten einer solchen Liste auch erst bewusst, was ihr eigentlich wirklich noch alles vorhabt im Leben.

♥

Aber wozu benötigt ihr nun ausgerechnet eine Bucket List für die Schwangerschaft und für die erste Zeit mit eurem Baby?

Ein Kind zu erwarten, zählt zu den schönsten, intensivsten und zugleich zu den aufregendsten und anspruchsvollsten Zeiten des Lebens. Plötzlich ist alles anders. Jede Menge Fragen, Sorgen und To-dos stürzen auf die werdenden Eltern ein. Arztbesuche, jede Menge Papierkram, notwendige Anschaffungen, die Umgestaltung oder Renovierung des künftigen Babyzimmers und, und, und ... Die letzten Wochen bis zur Geburt vergehen auf einmal rasend schnell. Und eigentlich wolltet ihr die Vorfreude auf euer Baby doch so richtig auskosten!

Damit es euch nicht so ergeht, haben wir im ersten Teil dieser Bucket List 250 witzige, schöne und außergewöhnliche Ideen zusammengestellt. Abseits all jener Formalitäten und Verpflichtungen, an denen werdende Eltern ohnehin nicht vorbeikommen, sollen euch diese Ideen dabei helfen, die Zeit der Schwangerschaft bewusster zu erleben und zu genießen.

Nehmt euch Zeit für euch und euer Baby. Entspannt bei einem Lavendel-Bad oder spielt dem Kind im Bauch eure Lieblingsmusik vor. Ihr seid kreativ? Super! Wenn nicht, könnt ihr es mit unseren Vorschlägen ganz einfach werden. Gestaltet euer persönliches Schwangerschaftstagebuch oder kreiert in wenigen Schritten schicke Umstandsmode. Einen besonderen Platz räumen wir in der Bucket List eurer Partnerschaft ein. Denn ihr solltet euch bewusst sein, dass viele Dinge, die für euch jetzt noch selbstverständlich sind, nach der Geburt erst einmal eine ganze Weile in den Hintergrund rücken werden. Genießt deshalb jetzt die Zweisamkeit, trefft euch mit Freunden, seid spontan und manchmal ein bisschen verrückt. Wir helfen euch dabei! Wann habt ihr das letzte Mal verliebt unter einer Straßenlaterne geknutscht oder euch von einer Kartenlegerin die Zukunft voraussagen lassen? Dreht eine Runde im Riesenrad oder macht witzige Selfies mit dem Babybauch. Diese und viele andere Ideen findet ihr in dieser Bucket List.

Der große Tag ist da, euer Baby ist auf die Welt gekommen! Wenn ihr jetzt meint, ihr habt die aufregendsten Monate hinter euch gebracht, dann liegt ihr komplett falsch! Denn genauso spannend wie in der Schwangerschaft geht es nach der Geburt eures Babys weiter. Nie wieder wird sich euer Kind so rasch entwickeln wie in den ersten zwölf Monaten seines Lebens. Und kaum eine andere Zeit wird euch so fordern und euch zugleich so viel geben. Egal, wie gut ihr organisiert seid: Euer Baby stellt euer Leben auf den Kopf.

Damit ihr auch in diesen turbulenten Wochen und Monaten nicht den Blick für die außergewöhnlichen Momente verliert, haben wir im zweiten Teil unserer Bucket List 250 weitere originelle Ideen für euch und eure Familie zusammengestellt.
Babys erstes Bad, Fußabdrücke im Sand hinterlassen, ein Picknick zu dritt: Manchmal sind es Kleinigkeiten, die das Leben besonders machen und uns deshalb lange in Erinnerung bleiben. Genießt die Augenblicke mit eurem Baby, nehmt euch aber auch mal wieder Zeit für euch oder eure Freunde. Telefoniert ausgiebig mit euren Eltern oder lasst euch vom Friseur eures Vertrauens einen ganz neuen Look verpassen. Wir wünschen euch viel Freude dabei!

Apropos Erinnerung: Unter jedem einzelnen Punkt unserer Bucket List haben wir bewusst zwei leere Zeilen eingefügt. Nein, wir haben hier nichts vergessen! Vielmehr bekommt ihr an diesen Stellen Raum für eure persönlichen Notizen. Ihr könnt auf diesen Zeilen eintragen, wann und wo ihr diesen einen Moment erlebt habt und was sonst noch Wichtiges oder Besonders in diesem Zusammenhang passiert ist. Euer Baby durfte zum ersten Mal an eurem Eishörnchen naschen? Haltet in den Zeilen zum Beispiel fest, in welchem Café ihr wart, welche Sorte Eis ihr gegessen habt und wie euer Kind auf die kalte Leckerei reagiert hat. Wenn ihr die Bucket List später einmal zur Hand nehmt, werdet ihr diesen einen Moment sicher wieder vor Augen haben.

Vielleicht inspiriert euch die eine oder andere Situation jedoch auch, noch etwas ganz anderes auszuprobieren. Denn auch unsere Bucket List erhebt selbstverständlich keinen Anspruch auf Vollständigkeit. Haltet eure eigenen Ideen an dieser Stelle fest, damit sie nicht in Vergessenheit geraten. Eurer Fantasie sind dabei keine Grenzen gesetzt!

Und last but not least: Ihr könnt euch stets diejenigen Ideen aussuchen, die für euch im Moment gerade passen. Dies sowohl in der Zeit der Schwangerschaft als auch in der Zeit danach. Es soll dabei kein Stress für euch entstehen. Ganz im Gegenteil: **Diese Bucket List soll euch stets Freude bereiten und Spaß machen!**

— TEIL I —

WÄHREND DER SCHWANGERSCHAFT

So sah Mama aus, als du in
ihrem Bauch warst ...

Wir hatten dich schon
vor deiner Geburt ganz doll lieb ...

1.

DEINEM PARTNER DIE
FROHE BOTSCHAFT ORIGINELL
ÜBERBRINGEN
(Ideen: Hallo Eltern, Krümel Blog)

_____
_____
_____
_____

2.

Ein Candlelight-Dinner
mit dem Partner auf Balkon
oder Terrasse genießen

_____
_____

3.

Zu zweit den Sonnenaufgang an eurem
Lieblingsplatz genießen

_____
_____

☐

4. Auch die Verwandtschaft soll's wissen: Beim nächsten Familientreffen ein Gedeck mehr auf den Tisch legen

_____
_____
_____
_____
_____

5. ☐

MIT DEM PARTNER ZUM

„ERSTEN DATE"

VERABREDEN

6. ○

Mit dem Partner im Dunkeln verliebt unter einer Straßenlaterne knutschen

_____
_____

◇ **7. VON ERFAHRENEN MÜTTERN ÜBER SINNVOLLE BABYAUSSTATTUNG BERATEN LASSEN**

_____
_____

☐ **8.** Die Eltern fragen,
welches eure ersten Wörter waren

_____

_____

_____

_____

◯ **9.** Die Müdigkeit nimmt Überhand?
EINEN TAG ZUM 24-STUNDEN-DAUERKUSCHELN
im Bett nutzen

_____

_____

_____

_____

10. ☐ Alle zwei Wochen
deinen Bauchumfang
messen

_____

_____

11.

DIY-Kuschelkissen fürs Baby nähen
(Anleitungen: Babyeckchen,
auf Youtube: DIYKajuete)

12. Kochen mit den besten
Freunden: Zeit ist jetzt die
wichtigste Zutat!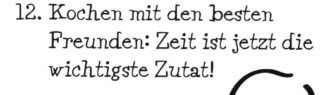

☐ **13.** Liebevolle Gespräche mit dem Baby führen

 **14.** ALTE KINDERBÜCHER
HERAUSSUCHEN –
UND SELBST LESEN!

15.
Fotos aus der eigenen
Babyzeit anschauen

_____
_____
_____
_____

16.
MIT DER SCHWIEGERMUTTER ÜBER WITZIGE
ERLEBNISSE AUS DER KINDHEIT PLAUDERN

_____
_____

17. Ausgiebig mit der besten
Freundin quatschen

18.
Strampler oder Bodys selbst nähen:
So individuell wie dein „Mini" im Bauch!
(Näh-Tutorials auf Youtube:
Kid5, DIYEule)

19. Im Baumarkt die schönste Wandfarbe fürs Babyzimmer aussuchen

20.

Lust auf Tapetenwechsel?
Ein spontaner Städte-Trip zu zweit
ist jetzt genau das Richtige

21. STICHWORT: UPCYCLING!
NACH OMAS WIEGE ODER AN-
DEREN ALTEN MÖBELSTÜCKEN
AUSSCHAU HALTEN

22. ○

Bis der Morgen graut:
Mit Freunden auf Tour gehen

23. ☐

Üben für später:
Eine Partie "Mensch ärgere dich nicht"
oder "Memory" spielen

_____
_____
_____
_____

24. ☐

DAS LIEBLINGSKUSCHELTIER
AUS ALTEN ZEITEN IM BABYZIMMER
PLATZIEREN

_____
_____

☐ 25.

Vater und Mutter nach ihren
peinlichsten Momenten als junge
Eltern fragen

_____
_____
_____
_____

26. Stützt, wärmt, sieht klasse aus:
Ein Bauchband/Bellyband selbst nähen
(Anleitungen: Käferglück, auf Youtube:
Eva Kartoffeltiger)

_____
_____
_____
_____

27. EIN TÄNZCHEN MIT DEM
PARTNER MACHEN. AUCH DER
KLEINE MITBEWOHNER WIRD
ES GENIESSEN

_____
_____

28.
Über einen Second-Hand-Basar bummeln:
Schnäppchen-Alarm und riesige Auswahl!

_____
_____

29. Eigene Basteleien aus
Kindertagen hervor-
holen und das Baby-
zimmer dekorieren

_____
_____
_____

31.
AUF DER KIRMES MIT DEM PARTNER EIN RIESIGES KUSCHELTIER SCHIESSEN

32.
Bitte deine beste Freundin,
Bilder von deinem Babybauch zu machen

33.
In welchem Monat kommt euer Kind zur Welt? Nachlesen, welches Sternzeichen es haben wird

34. Selfies mit dem Partner und dem Babybauch machen

○ **35.** Den Babybauch bemalen: ein witziger Look für deine „Kugel" (Anregungen: Mutterinstinkte, Echte Mamas)

☐ **36.**
Euer Lieblingsgericht kochen und mehrere Portionen davon für später einfrieren

37. GESICHTSMASKE FÜR SCHWANGERE SELBST MACHEN (REZEPTE: LUNAMUM, OEKOTEST) ☐

38. ○ Jetzt oder nie:
den Kleiderschrank entrümpeln

---

39. ☐
Gegen die Übelkeit:
Ingwer-Kekse backen —
und in Maßen essen
(Rezept: Babybauchblog)

---

40. ☐
Glückshormone:
Mit Schwimmen, radeln oder spazieren
die Serotoninbildung ankurbeln

41.

Gips-Abdruck vom Babybauch machen.
Komplette Sets mit Anleitung könnt ihr
fertig kaufen

42. DIY-STILLKISSEN NÄHEN (ANLEITUNGEN: KREATIVLABOR BERLIN, Youtube: Stilweg)

43. Möglichst zu zweit:
Kurse zur Babypflege und
Geburtsvorbereitung aussuchen

44. Nur gucken, nicht kaufen:
Durch Babymärkte und Möbelhäuser schlendern –
aber bitte ohne Geld oder Kreditkarte

☐

45. Einen kleinen Vorrat an Schokolade oder Keksen anlegen: Manchmal muss es etwas Süßes sein

☐
_____
_____
_____

46.

Ohne Ziel: Mit dem Partner spontan eine Radtour machen

☐ 47. SÄMTLICHE FOTOS AUF EURER FESTPLATTE SORTIEREN – UND DEN ERSTEN ORDNER FÜR BABYBILDER ANLEGEN

_____
_____

48. ○ Aus dem Urlaub eine Karte an euer Baby schreiben

_____
_____
_____

49.

Einen Tag Nichtstun gönnen und vom Baby träumen

_____

_____

50. ZU OMAS ZEITEN: Großeltern oder Eltern nach Tipps zur Babypflege fragen

_____

_____

_____

_____

51.

Ein Namensschild für Babys Zimmer basteln (Anleitung: Herzkiste, Youtube: Marzis Welt)

_____

_____

_____

52.

IN RUHE DIE ANGEBOTE
VON GEBURTSHÄUSERN
ODER KLINIKEN
CHECKEN

_____
_____
_____
_____
_____

53.

Die besten Wünsche fürs Baby:
In einer klaren Nacht
Sternschnuppen zählen

_____

☐

54. In Büchern mit Babynamen stöbern

☐

55. Einen Schuhkarton als Babykiste gestalten und eurem Kind schenken, wenn es volljährig wird

56. ☐
DEINEM BABY IM BAUCH DEINE LIEBLINGSMUSIK VORSPIELEN

☐ 57. Beim Friseur deines Vertrauens ausgiebig stylen lassen

58.
Im Babymarkt mit dem Kinderwagen ein paar Proberunden drehen

☐ 59.
Ein Mobile fürs Baby basteln
(Ideen auf Youtube: Niz' bunte Bastelwelt, Sabrinas Mamikram)

_____

_____

_____

_____

60.

☐

Cocktailparty: Mit Freun-
den die besten alkoholfreien
Drinks mixen _____

☐

_____

61. Einen schicken
Badeanzug für die Schwan-
gerschaft aussuchen

_____

_____

○ **62.**

EINEN NACHMITTAG IN DER
HÄNGEMATTE VERBRINGEN

63.

DIY-Schwangerschaftstagebuch
gestalten
(Ideen: deavita, lovedecorations)

64.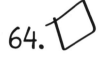

MIT ANDEREN SCHWANGEREN ZUM
AUSTAUSCH TREFFEN

65.

Ein Schnullerband nähen
(Tutorials: „Das mach ich
nachts" oder auf Youtube:
Vanessa's Vlog)

66. ANREGUNGEN FÜR GEBURTSKARTEN SAMMELN

67. Eine Playlist mit deiner Lieblings-Schwangerschafts- musik erstellen

68. Euch selbst ein tolles Kompliment machen

69. Stört keinen: Einen Tag lang bewusst auf Hausarbeiten verzichten

 **70.**

Einen Vitamin-Smoothie mixen
(Rezepte: Papammunity,
auf Youtube: Babybauchblog)

☐ **71.**

In Urlaubsprospekten nach den
SCHÖNSTEN REISEZIELEN FÜR JUNGE
FAMILIEN stöbern

72.

Yogaübungen für
Schwangere machen

73.

Mit dem Partner oder der besten Freundin
das Lieblingsmusical besuchen

74.
MIT DUFTENDEM ÖL
VORSICHTIG DAS WERDENDE
BÄUCHLEIN MASSIEREN

75.
Einer Heißhungerattacke hem-
mungslos nachgeben

□ **76.**
Vorbereitung für später:
Im Fernsehen beliebte Kindersendungen
anschauen

_____

_____

77. ○

SCHWANGERENSCHWIMMEN AUSPROBIEREN

78. Mit dem Partner in den Sonnenaufgang wandern ○

_____

_____

 79. Einen Tag lang alle Folgen
eurer Lieblingsserie gucken

_____

_____

 **80.**

Eine Fußmassage gönnen

_____

_____

☐ **81.** Bauchtanz für Schwangere ausprobieren

_____

_____

 **82. GEMEINSAM EINEM STRASSENMUSIKER LAUSCHEN**

_____

_____

_____

_____

83. ☐

Nach einer guten Hebamme Ausschau halten

_____

_____

84. Ausgiebig shoppen gehen

_____

_____

_____

_____

85.
Mit den Kollegen zusammen die Mittagspause genießen

_____

_____

_____

_____

86. Den Lieblingsort eurer Kindheit aufsuchen

_____

_____

_____

_____

_____

_____

○ 87.

AUF DEM SOFA EINEN KOFFEINFREIEN LATTE MACCHIATO GENIESSEN

_____
_____

88. Im Kaufhaus von angesagter
Umstandsmode inspirieren
lassen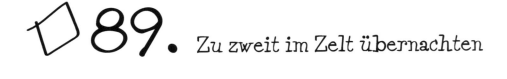
_____
_____
_____
_____

□ 89. Zu zweit im Zelt übernachten

_____
_____

90. Sich beim Besuch einer
    Geisterbahn gruseln

_____

_____

91. Ein gesundes Brot
oder Brötchen selbst backen
(Rezepte: Prolife, Babybauchblog)

_____

_____

92.
IM BABYMARKT DIE SPIELUHR MIT DER
SCHÖNSTEN MELODIE HERAUSSUCHEN

_____

_____

93. Mit dem Partner händchenhaltend in
der Stadt spazieren gehen

_____

_____

_____

_____

94. ○

Beim nächsten CTG die Herztöne eures Babys mit dem Handy aufnehmen

_____
_____
_____
_____

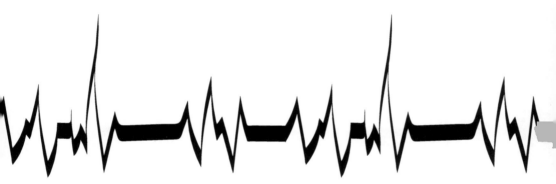

◇ 95.

Eltern und Schwiegereltern gemeinsam zum Essen einladen

_____
_____
_____
_____

☐ **96.**
Ausgiebig im Bett
frühstücken

☐ 97. Im Buchladen die Kinderabteilung durchstöbern

☐ **98.** DIE VORRATSSCHRÄNKE
MIT HALTBAREN
LEBENSMITTELN AUFFÜLLEN

○ **99.** Bekannte nach Adressen
guter Kinderärzte fragen

☐ **100.**

Eine Partnermassage buchen

101. ☐
STATT KOCHEN DEN LIEBLINGS-LIEFERDIENST
KOMMEN LASSEN

☐
102.
Mit Freunden über der Feuerschale Marsh-
mallows rösten

103.
○
Balkon oder Garten
kindersicher machen

☐
104.
Das erste
Ultra-
schallbild
einrahmen

105. Dein schickstes Outfit anziehen und vor dem Spiegel posieren

106. Im Wohnzimmer laut eure Lieblingsmusik hören

107.
Umstandsmode selbst nähen
(Tipps: Babyahoi, Youtube:
25 intelligente Schwangerschaftstipps
für Frauen und Männer)

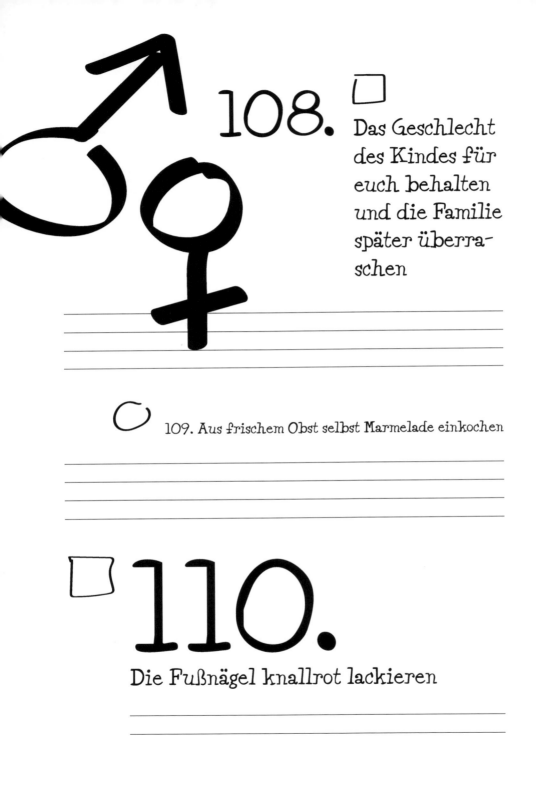

108. Das Geschlecht des Kindes für euch behalten und die Familie später überraschen

109. Aus frischem Obst selbst Marmelade einkochen

110. Die Fußnägel knallrot lackieren

111.

Mit dem Partner die Bewegungen im Babybauch spüren

112. Auf dem Rummel eine Portion Maronen essen

113. EINEN ONLINE-SPRACHKURS ABSOLVIEREN

114. Decke oder Überzug für die empfindliche Sofaecke oder den Sessel besorgen

○ 115. Bei einer Kartenlegerin die Zukunft
voraussagen lassen

_____
_____

☐ 116. Mit dem Partner tanzen gehen

_____
_____

☐ 117. Zum x-ten Mal dein Lieblingsbuch
durchlesen

_____
_____
_____

☐ 118. EINE HÜLLE FÜR
DEN MUTTERPASS NÄHEN (IDEEN AUF
YOUTUBE: NÄHTINCHEN, DIY MAMIS)

_____
_____
_____

119.

Mit der Taschenlampe
unter der Decke lesen

———————————
———————————
———————————
———————————

 120. Mit der besten Freundin in
alten Zeiten schwelgen

————————————————————————
————————————————————————

 121. Im Teeladen eine leckere
Früchtetee-Mischung zu-
sammenstellen lassen

————————————————————————
————————————————————————

○ **122.** EURE INITIALEN IN EINE BAUMRINDE RITZEN

☐ 123. Das Badezimmer mit 20 Kerzen dekorieren und ein Vollbad nehmen

124. ☐

Highheels gegen bequeme Schuhe tauschen

☐ **125.**
Ein Open-Air-Konzert der Lieblingsband besuchen

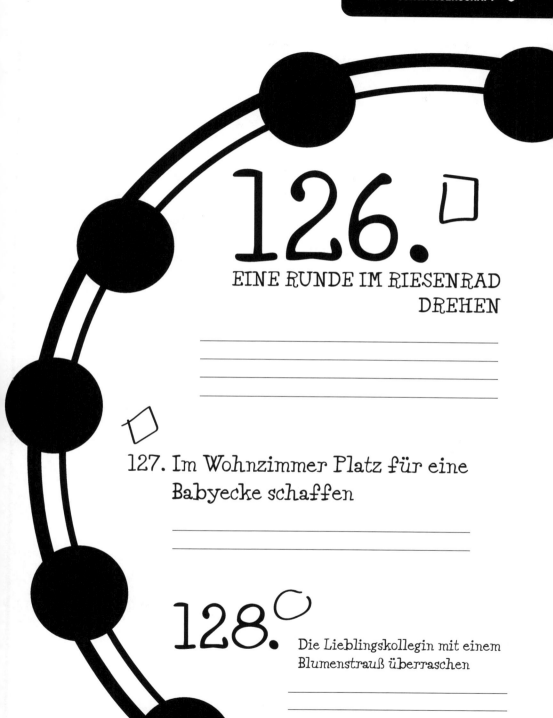

126.

EINE RUNDE IM RIESENRAD DREHEN

127. Im Wohnzimmer Platz für eine Babyecke schaffen

128.

Die Lieblingskollegin mit einem Blumenstrauß überraschen

129. Über den heimischen Wochenmarkt bummeln

130.

Das Babyzimmer mit hübschen
Wandstickern dekorieren

131. ZUHAUSE NOCH EINMAL
ALLE FENSTER PUTZEN

132. Dich mit deinem
Partner portraitieren lassen

133.
EIN CHINESISCHES
RESTAURANT BESUCHEN
UND DORT MIT
STÄBCHEN ESSEN

134. Morgens ausgiebig Zeit zum
Duschen nehmen

135.
Dein Rücken schmerzt?
Ein DIY-Kirschkernkissen nähen
(Tutorials auf Youtube:
DIY Kajuete, ars textura)

136. DAS SMARTPHONE EINEN TAG LANG AUF STUMM SCHALTEN

137.

Auf kleinen Zetteln in allen Zimmern Motivationssprüche verteilen

138. Bei den Eltern nach alten Baby- und Kindersachen von euch Ausschau halten

139. BUSINESS-OUTFITS
sortieren und für später
sorgfältig zur Seite hängen

140.
EINEN PRAKTISCHEN
RUCKSACK FÜR AUSFLÜGE
MIT DEM BABY BESORGEN

141. Entspannt die Menschen in der Fußgängerzone beobachten

142.
Zerbrechliche Wohnaccessoires
vorübergehend im Keller
unterbringen

○ **143.**

DEN PARTNER BITTEN, AUS HOLZ EINE
DIY-MESSLATTE FÜRS BABY ZU SÄGEN UND
HÜBSCH BEMALEN
(Anleitungen: Traumecke, Youtube: DIY Mamis)

☐ 144. Mit den Eltern einen Antik- und
Trödelmarkt besuchen

145.☐

Hausmittel: Heiße
Milch mit Honig vor
dem Einschlafen
trinken

☐ 146. DIY-Countdown-Kalender bis zur Geburt basteln
(Idee: Was für mich)

147. Stillen mit Stil: Schicke BHs aussuchen

148. Mit dem Partner auf einer Wiese liegen und am Himmel Wolkenfiguren beobachten

149. EINEN TAG NUR IM SCHLAFANZUG HERUMLAUFEN

☐ **150.** Eine Decke fürs Baby nähen

_____

_____

151. VOM LIEBLINGSSOFA AUS EINE AUSZEIT ○
ERLEBEN – MIT EINEM ABENTEUER GAME

_____

☐ **152.**
Verschiedene Bücher besorgen –
eine Auswahl, die du während der
Schwangerschaft lesen kannst

_____

_____

_____

_____

☐ **153.** Schwangerschafts-
Album Schritt für Schritt erstellen
(Ideen: YouTube: danipeuss baby woche)

_____

_____

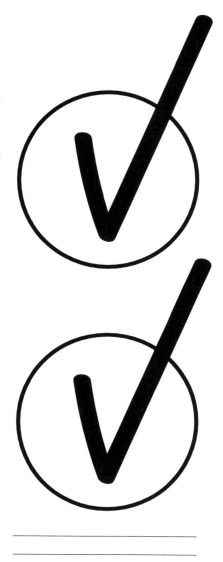

155.

Baby-Erstausstattung
aussuchen

156.

Die Wohnung
verschönern

154.

Gemeinsam Bullet-
Journal mit verschie-
denen exklusiven
Ideen gestalten

○ 157. Dinge, die ihr mehr als ein Jahr nicht gebraucht
habt verschenken, verkaufen oder wegschmeißen

_____

_____

 158. Mit gleichgesinnten
SCHWANGEREN FRAUEN
Kontakte knüpfen:

Vorname: _____
Name: _____
Telefon: _____
Mail: _____

Vorname: _____
Name: _____
Telefon: _____
Mail: _____

Vorname: _____
Name: _____
Telefon: _____
Mail: _____

Vorname: _____
Name: _____
Telefon: _____
Mail: _____

Vorname: _____
Name: _____
Telefon: _____
Mail: _____

☐ **159.** Kinderspielplätze in der Umgebung ausfindig machen

_____

☐ **160.**

Ein Berghütte Restaurant aussuchen

_____
_____
_____
_____

☐ 161. AUF WASSERSPIELPLATZ FREUNDE TREFFEN

_____
_____

○ 162. Monat für Monat Fotos vom Babybauch schießen

_____
_____

☐ **163.** Am Lieblingsort Ferien verbringen

_____
_____

164. ☐

Mit dem Partner einen Geburtsvorbereitungs-
kurs besuchen

_____

_____

☐ 165. Mit dem Partner Wünsche für
die Geburt austauschen und festhalten

_____

_____

_____

_____

_____

○ 166. Hebamme in näherer Umgebung
aussuchen und Verschiedenes mit ihr
besprechen

_____

_____

_____

○ 167. Netflix-Marathon machen – Lieblingsfilme
mit dem Partner schauen

☐ 168.
MIT DEM PARTNER DEN BESTEN
SPAZIERGANG IN DER UMGEBUNG
ENTDECKEN

☐ 169. Eine halbe Stunde
pro Tag bewegen

☐ 170.
Vor Geburtsbeginn den Klinikweg
gemeinsam erkunden

171.

Einen Tag am Meer verbringen

172. Die werdenden Großeltern besuchen und nach ihren Erfahrungen
in der Schwangerschaftszeit fragen

173.

Sich eine Auszeit gönnen – in einem Thermalbad

174. Auf einem Bauernhof Traktor fahren

175. Mit Freunden ein
Picknick machen

176.
Eine Baby-Patchwork Decke nähen

177. EIN GANZES WOCHENENDE
IM MORGENMANTEL VERBRINGEN

178. Gemeinsam Freundschaftsbänder aussuchen

_____
_____

_____
_____
_____

179. Gemeinsam über Schwangerschaftswochen sprechen

180. EINE INSEL, DIE KAUM JEMAND KENNT, ENTDECKEN

_____
_____

181.
Eine Kuscheldecke häkeln

_____
_____

182.
Einen LEGOABEND veranstalten

_____
_____

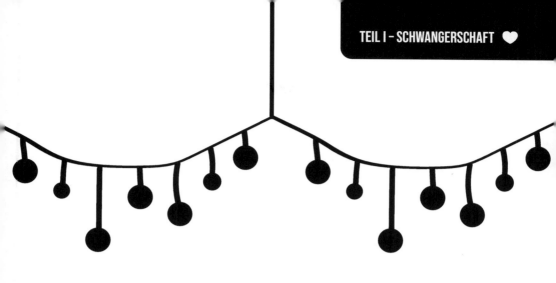

☐ 183.

Auf ein Quartierfest gehen

_____
_____
_____
_____
_____
_____
_____
_____
_____

184. ○ In einem Schloss übernachten

_____
_____

185. DIE LETZTE REISE ZU ZWEIT MACHEN

_____
_____

186.

Sich als werdende Eltern ein Ziel setzen

_____
_____
_____
_____

187. Grillfest mit den Nachbarn planen

_____
_____
_____
_____

188. Eigenes Familienwappen kreieren

189. Auf einem Bauernhof auf dem Heuboden schlafen

190. Sonnenaufgangs-Spaziergang am See oder am Meer machen

191.

Die SPIELPLÄTZE IN DER UMGEBUNG SELBST TESTEN und den Sieger bestimmen

☐ **192.** Jedes Trimester ein
Schwangerschaftsvideo drehen

○ **193.** Babygericht kochen und gemeinsam essen

⦿194.

Glücksbringer-Kette basteln

☐ 195. Lustige Bucket List in einem Bulletjournal schreiben

196. ☐ Im Babyzimmer Fensterbilder malen

☐ **197.** Blumensamen draußen auf der Wiese vor dem Babyzimmer säen

☐ 198. MIT DEM PARTNER SICH GEGENSEITIG DIE HAARE STYLEN

○ **199.** Mit dem Babybauch auf die Waage stellen

☐ **kg**

☐ **200.** Ein Klettergerüst im Garten aufbauen

201. ☐
SCHNULLERKETTE basteln
(Idee: Pinterest Herz-Kiste)

☐ 202. DIY Sensorik- Hula-Hoop für das Baby basteln

203. SCHLAFSACK FÜR DAS BABY NÄHEN (IDEE: BASTELRADO)

204.

Still- oder Seitenschläferkissen besorgen

☐ 205.

«Baby an Bord» Aufkleber für das Auto besorgen

206.
Niedliche Baby-Geburtskarten selbst gestalten

○ 207. GEMEINSAMES HOBBY MIT DEM PARTNER PFLEGEN

▢ 208.
EIGENE KINDERGESCHICHTEN
ausdenken, aufschreiben und für das Baby zum Vorlesen aufbewahren

---

▢ 209. Einen Heizstrahler für Babys Wickeltisch kaufen — immer eine gute Investition!

210.
Gemeinsam die wichtigsten Kinderlieder schon mal auswendig lernen

211.

Einen lange
gehegten Traum
endlich erfüllen

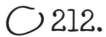 212.
Mit dem Partner zusammen einen Termin
zum 4D- Ultraschall machen

213.
☐

Neues Hobby, für das man nie Zeit hatte, erlernen

_____

_____

☐ 214. Das allererste Date noch einmal erleben

_____

_____

215. ○

Neue Sportart erlernen, die fit hält und für die Schwangerschaft geeignet ist

_____

_____

_____

_____

☐ **216. KINDERBÜCHER-BIBLIOTHEK EINRICHTEN**

_____

_____

 **217.** Gemeinsam
Schwangerschafts-
Gymnastik machen

_____

_____

 **218.**

Einen ROADTRIP machen,
ohne groß zu planen

_____

_____

_____

_____

_____

_____

219. Greifball fürs Baby basteln

_____

_____

◯ 220. Baby-Spielbogen basteln

_____

_____

221.

Baby-Rassel basteln

_____

_____

☐ 222. Einen Pekip-Kurs buchen

_____

_____

223.

EINEN KRÄUTER- UND
GEMÜSEGARTEN ANLEGEN

_____

_____

_____

☐ **224.**

Zusammen mit dem Partner kochen

☐ 225.

BUCH MIT ERLEBNIS-ANEKDOTEN VERFASSEN

○ **226.**

Einen Baby-Schwimmkurs buchen

☐ **227.** An einem 1. Hilfekurs teilnehmen

_____

_____

☐ 228. Einen Geburtsplan erstellen

_____

_____

☐ **229.** Süße Babysachen stricken

_____

_____

_____

_____

◯ 230. DIY-BABYACCESSOIRES HÄKELN

_____

_____

_____

_____

231.

Lieblingsbücher aus der Kindheit rauskramen und im Babyzimmer ins Regal einräumen

232. Professionelles Babybauch-
Shooting buchen -
Erinnerungen fürs Leben

233.

KURZTRIP, DEN IHR BISHER IMMER VERSCHOBEN
HATTET, MACHEN

234.

Kurs für den werdenden Papa buchen

_____
_____
_____
_____

235. DIE EIGENEN ELTERN BESUCHEN UND NACH DER EIGENEN BABY ZEIT AUSFRAGEN

_____
_____
_____
_____

236.

_____
_____
_____
_____
_____
_____

Intuitives Malen ausprobieren – in der Schwangerschaft wird manche werdende Mama zu Picasso

237. An einem Frauenkreis teilnehmen

_____
_____
_____
_____

238. Sich einen 3D-Ultraschall gönnen und erste Ähnlichkeiten mit dem Baby entdecken

_____
_____

239. Den Herzschlag des Babys auch zu Hause anhören - und entspannen

_____
_____

240. Schwangerschafts- Kochrezepte vorkochen und einfrieren

_____
_____

○241. Sich eine Doula gönnen

_____

_____

☐ 242. Willkommensschild fürs Baby gestalten

_____

_____

_____

_____

243. ☐

Endspurt:
Öfter einfach mal
die Füße hochlegen

_____

_____

_____

_____

244.
Den werdenden Großeltern einen
Vorbereitungskurs auf die Enkel-
zeit schenken

☐ 245. Einander ein Buch vorlesen

246.
Mit den besten Freunden Wetten
abschließen, was es wird

☐ 247. Heimische Wellness-Oase errichten

248. Eine Schwangerschafts-Dokumentation anschauen ◯

_____

_____

☐ 249. Dem Partner einen Liebesbrief schreiben

250.

Dinner Date zu Zweit –

Ein romantisches Essen im Lieblingsrestaurant in aller Ruhe

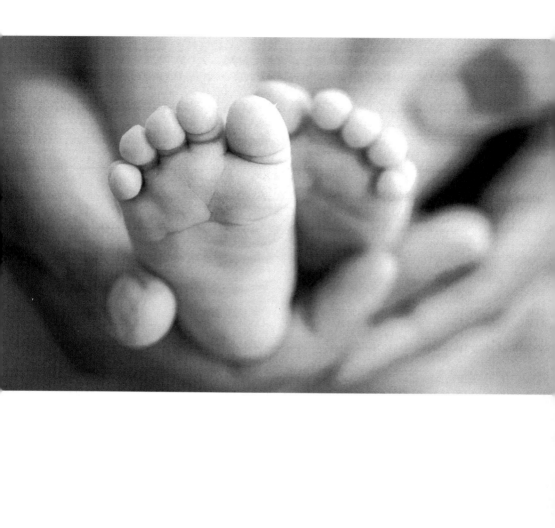

— TEIL II —

DAS ERSTE JAHR
NACH DER GEBURT

Das bist du nach der Geburt ...

Das ist unser erstes
gemeinsames Foto als Familie ...

1. Im Kreißsaal die ersten Fotos mit einer Sofortbildkamera machen

2. Babys erste Stunden filmen — eine Erinnerung fürs Leben

3. Die Nabelschnur aufbewahren und später in die Babykiste legen

4.

Den ersten Kliniktag zusammen mit dem Partner genießen

_____

_____

5. ○

● Den Partner bitten, vor der Ankunft mit Baby den Kühlschrank aufzufüllen

_____

_____

6. DAS BABYZIMMER EINWEIHEN

_____

_____

_____

_____

7. Ein „BITTE NICHT STÖREN"-Schild an der Haustür aufhängen

_____

_____

_____

_____

◯ **8.**

Den ersten Tag zu Hause mit Papa und
Baby verbringen

_____

_____

☐ 9. VIDEO VOM ERSTEN ABEND ZU
HAUSE FILMEN

_____

_____

10. ☐

Einen Handabdruck
eures Babys in Salzteig
verewigen
(Rezept: Vegtastisch,
Youtube: MissKuschi)

11. Eine individuelle Trageberatung in Anspruch
nehmen und das Kleine geborgen durch die ersten
Wochen tragen

_____
_____
_____
_____

12.
Die Babygeburt zu dritt feiern

_____
_____

13. FOTOS MIT DEM ERSTEN OUTFIT MACHEN

_____
_____
_____
_____

14. Eine Baby Willkommensparty mit Familie und Freunden zu Hause feiern

_____
_____

☐ 15. Für euer Baby ein Bäumchen pflanzen

_____

_____

16. ☐ Von der Hebamme die Babymassage
erklären lassen

_____

_____

○ 17. ♡ Vaterliebe: Einen Papa-
Baby-Tag einrichten

_____

_____

_____

_____

☐ 18.
MIT DEM BABY IM ARM ENTSPANNT ZUR
LIEBLINGSMUSIK TANZEN

_____

_____

_____

_____

19. Das Lieblingskuscheltier Geschichten erzählen lassen

_____
_____
_____
_____

20. Lätzchen oder Spucktücher selbst nähen (Youtube: Mein Zierstoff, Apollolena)

_____
_____

21. EUREM BABY BEIM SCHLAFEN ZUSCHAUEN UND DIE RUHE GENIESSEN

_____
_____
_____
_____
_____
_____

○ 22.
Eurem Baby leise Kinderlieder vorsingen

_____
_____
_____
_____
_____

☐ 23. Die Großeltern beim
　　　Wickeln helfen lassen

_____
_____

☐ **24.** Wir war es bei dir?
Mit deiner Mutter
über die Geburt
austauschen

_____
_____
_____
_____
_____
_____
_____
_____
_____
_____
_____

◯ **25. MIT DEINEM BABY AUF DEM BAUCH EIN GEMÜTLICHES NICKERCHEN MACHEN**

_____
_____
_____
_____
_____
_____
_____

26.

Babys Brei vorkochen und einfrieren
(Rezepte: voi-lecker, Youtube: Mamiblock)

_____
_____

☐ 27. Bewusst mal einen ganzen Tag im Nachthemd verbringen

_____
_____

28.

Bonding - kuscheln, stillen, gemeinsam schlafen - stärkt die Bindung

_____
_____

☐ 29. Mit dem Baby in die Natur gehen

_____

_____

○ 30.
Im Frühjahr nach ersten Schmetterlingen
Ausschau halten

_____

_____

31.

Ein Gute-Nacht Ritual entwickeln

☐ **32.** Babyalbum mit ersten Babyfotos anlegen

_____
_____
_____
_____

◯ **33. FOTOS VON PAPA MIT BABY MACHEN**

_____
_____

☐ **34.**
Im Dunkeln leuchtende STERNE übers Babybett kleben

_____
_____
_____
_____

35. Für euer Baby Seifenblasen pusten ☐

_____
_____
_____
_____

○ **36.** Vor dem Spiegel die witzigsten Grimassen ziehen

_____

_____

37. ▢

Eine Kissenschlacht im
Elternbett machen

_____

_____

_____

_____

▢ **38.**

NEUGEBORENEN FOTOSHOOTING – DAS
BABY PERFEKT IN SZENE SETZEN LASSEN

_____

_____

▢ 39. Im Streichelzoo die Tiere anschauen

_____

_____

_____

☐ **40.** Beim Waldbaden mit dem Baby den schönsten Baum umarmen

_____
_____
_____
_____

☐ 41. Gemeinsam auf dem Trampolin hüpfen

_____
_____
_____
_____

○ 42.
AUF PAPAS STARKEN ARMEN „FLIEGER" SPIELEN

_____
_____
_____
_____

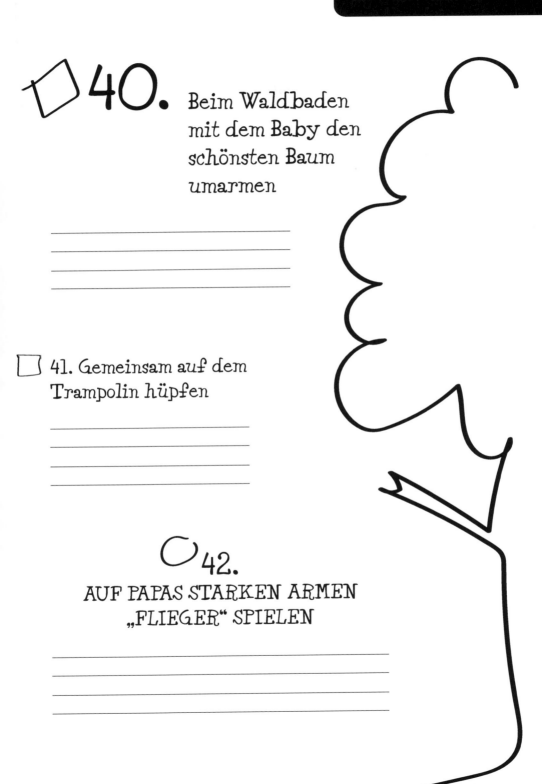

43. Das Baby barfuß eine Wiese spüren lassen

_____
_____
_____
_____

44. Am Buggy ein kleines Windrad befestigen

_____
_____
_____

45. Verstecken im Wohnzimmer spielen

_____
_____

☐ **46.** Am Stadtweiher die Enten füttern

_____

_____

☐ **47. DRAUSSEN MIT SAND UND WASSER MATSCHEN**

_____

_____

○ **48.**
Einen ruhigen Landgasthof für das erste Wochenende zu dritt buchen

_____

_____

_____

_____

☐ **49.** Rasseln, Trommeln und Co.: Gemeinsam lautstark Musik machen

_____

_____

50.

Gemüse fürs Baby auf Balkon oder Terrasse anpflanzen

51.

Mit anderen Mamas zum Quatschen treffen

52. MIT DEM BABY DIE DICKEN REGENTROPFEN AN DER FENSTERSCHEIBE BEOBACHTEN

○ 53.
EINE FÜHLKISTE MIT SPANNENDEN SACHEN BEFÜLLEN (IDEEN: MILCHTROPFEN, MOMUNITY)

_____

_____

□

54. Euer Baby dick eingemummelt auf dem Schlitten ziehen

_____

_____

55. Im Winter die Vögel am Futterhaus beobachten

_____

_____

□ # 56.

Mit Papa im Kinderzimmer die schönste Bude bauen

_____

_____

○ 57. Babys erste Schuhe aussuchen

58. Mit Bauklötzen den
höchsten Turm bauen

59.
Verkleiden spielen
mit Mamas Sachen

☐ # 60.
Das Baby an eurem Eishörnchen naschen lassen

_____
_____
_____

◯ 61. Mit Papa und Baby ein gemeinsames Bad nehmen

_____
_____

☐

62. Auf dem Basar nach Babysachen in den nächsten Größen Ausschau halten

_____
_____
_____

☐ 63. BABYBESUCH BEI DEN AR-BEITSKOLLEGEN STARTEN

_____

□ **64.** EINTOPF STATT STRAMPLER: VERWANDTE ODER FREUNDE BITTEN, GUTSCHEINE FÜR EIN GEKOCHTES ESSEN ZU SCHENKEN

□ 65. Kuschelsocken fürs Baby stricken (Tutorials auf Youtube: Carolines Welt, Maschenmarie)

□ **66.**

Eine Collage mit Babyfotos basteln und den Partner überraschen

○ 67. Das Baby mit seinen Händchen euer Gesicht entdecken lassen

68. Am Bahnhof auf eine Bank
sitzen und Ankunft und
Abfahrt der Züge bestaunen

_____

_____

69.

Eine kleine BABYPARTY
mit den besten Freunden
veranstalten

_____

_____

_____

_____

_____

70. Wo bin ich? Mit einem Taschentuch
„Guck-guck" spielen

_____

_____

_____

○ 71.

SCHLAFENSZEIT: KLINGEL UND
TELEFON BEI BEDARF EINFACH
STUMMSCHALTEN

_____

72. Zu dritt ein Autokino besuchen

_____

73.

Luftballon aufblasen
und als Spielzeug
benutzen

 **74.**

Gekleckert, vollgeschmiert?
Missgeschicke mit dem Baby mit Humor nehmen

_____

_____

75. Zeitlich begrenzt: Den Namen deines Kindes als Henna-Tattoo auf die Haut malen lassen

_____

_____

76.

Zusammen lustige Tiergeräusche imitieren

_____

_____

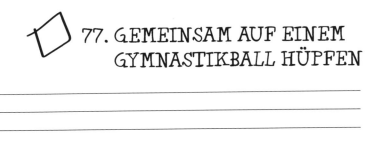 77. GEMEINSAM AUF EINEM GYMNASTIKBALL HÜPFEN

_____

_____

_____

○ 78.
Die Großeltern als Babysitter engagieren
und einen Tag ausschlafen

_____

79. MIT EINER WECHSEL-
DUSCHE FIT IN DEN TAG
STARTEN

80.
Fingerspiele machen

_____

81.
Rein in den Jogger:
Mit Baby die erste kleine
LAUFRUNDE drehen

_____

82.
BEIM FRISEUR EINEN NEUEN LOOK VERPASSEN LASSEN

83. Eine Bootsfahrt unternehmen

84.

Fingerfarben fürs Baby selbst anrühren (Rezept auf Youtube: KrümelPlanet)

○ 85. Fußabdrücke im Sand hinterlassen

□ 86.
Ein schönes Baby Foto als Puzzle drucken
lassen und den eigenen Eltern schenken

□ 87. Die erste
Fahrradtour mit Baby
im Anhänger planen

88.

Einen Nur-für-mich-Tag organisieren

_____
_____

☐ 89. MIT DEM BABY ALTE PROSPEKTE
   AUS PAPIER ZERFLEDDERN

_____
_____
_____
_____

◯ 90. Im Garten die ersten Gänseblümchen pflücken

_____
_____
_____
_____

☐ 91.
Deinem Körper ein DIY-Peeling gönnen
(Rezeptidee: Hausmittelchen,
Youtube: HappyAndFitDIY)

_____
_____

92.

Nach einer kurzen Nacht: Dein Gesicht
morgens im Spiegel anlächeln

93. Mit Baby eine Schaumparty
in der Badewanne veranstalten

☐ **94.** Jede freie Minute zum „POWERNAPPING" nutzen

_____

_____

☐ **95.**
Ein Picknick zu dritt im Freien machen

_____

_____

☐ 96. Zusammen auf einem Schaukelpferd reiten

_____

_____

◯ 97. Mit dem Baby in der Trage eine Wanderung machen

_____

_____

98. BEI DEN KOLLEGEN ANRUFEN UND ÜBER NEUIGKEITEN IM BÜRO INFORMIEREN ☐

_____

_____

_____
_____
_____
_____

○

99. Mit Freunden treffen und bewusst nicht über Kinder sprechen

100. ▢

Tuut-tuut: Euer Baby auf einer Decke durch die Wohnung ziehen

_____
_____
_____

▢ 101. Zusammen mit einer alten Bimmelbahn fahren

_____
_____

▢ 102. WIE DIE WELTMEISTER: Auf dem Wohnzimmerfußboden mit einem weichen Ball spielen

_____
_____
_____
_____

103.

Marienkäfer suchen und über die Hand krabbeln lassen

_____
_____
_____
_____

104. DEN ERSTEN MÄDELS ABEND OHNE BABY PLANEN

_____
_____
_____
_____

105.

Mit den Händen
Schattentiere an die
Wand werfen

_____
_____

106. AUS ALTEN KARTONS EIN
COOLES AUTO BASTELN
(IDEEN: GLUCKE UND SO,
POLA-MAGAZIN)

107. Einen Stammbaum eurer Familie erstellen

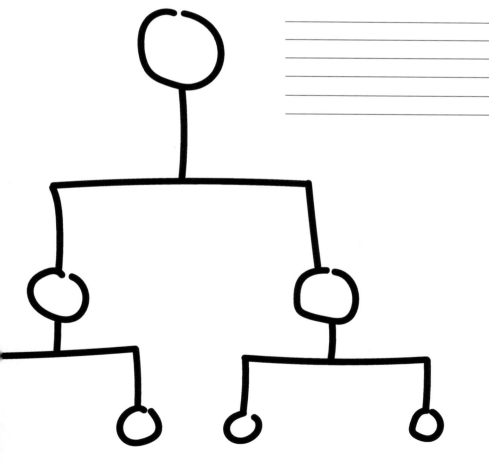

☐ 108. Im Garten den Vögeln lauschen

⟳ **109.** Pflegezeit: DIY-Haarkur anrühren
(Rezepte: nachhaltigleben, myself)

110. Erstes Familien-Fotoshooting beim ☐
Profi buchen

☐ # 111.

Schlaflose Nächte für lange Gespräche mit dem Partner nutzen

112. ⟳ ZUCKERFREIE BABYKEKSE BACKEN
(REZEPTE: BREIFREIBABY,
YOUTUBE: DAGMAR VON CRAMM)

○ 113. Am Strand Muscheln sammeln

114.

Euer Baby in einer Schubkarre über die Wiese
schieben

115. PUSTEBLUMEN AUSPUSTEN ☐

☐ **116.** Babys erste Haar-
strähne in der Baby-
kiste aufbewahren

117.

Durch ein Maislabyrinth laufen

_____

_____

118. An einem kalten Wintertag an der Fensterscheibe Eisblumen bestaunen

_____

_____

_____

_____

119. Mit dem Spiegel Sonnenstrahlen einfangen

_____

_____

120. ZUSAMMEN IN DEN ZOO GEHEN

121. Eicheln sammeln

122. Schüsseln oder andere Gegenstände als lustige Hüte aufsetzen

123. Eine WASSERSCHLACHT im Planschbecken veranstalten

124. NACHMACHER: Das Baby eure Gestik und Mimik imitieren lassen

125.

Einen Spaziergang im Regen unternehmen

126.
Mit Papa auf dem Spielplatz die erste Rutschpartie machen

☐ 127. Mit dem Mund Schneeflocken einfangen

☐ 128.
EINE WEICHE ZAHNBÜRSTE BESORGEN UND
BABYS ERSTES ZÄHNCHEN PUTZEN

○ 129. Im Flur eine
Fahrt mit dem
Rutsche Auto
unternehmen

☐ 130.
Mit anderen Eltern zur
KINDERWAGEN-AUSFAHRT verabreden

◯ **131.** Gemeinsam Bilderbücher anschauen

_____
_____
_____
_____

▢

132. Über das erste bewusste Lächeln eures Babys freuen

_____
_____
_____
_____

▢

133. Witzige Sockenpuppen kreieren (Ideen: bastelfrau, Youtube: Kinderfunkelsteine)

_____
_____
_____

○ 134. Mit den Fingern Luftpolsterfolie zerplatzen

☐ 135. Dem Baby einen Body in den Farben von Papas Lieblingsverein schenken

☐ 136. Beim Herbstspaziergang die bunten Blätter hochwirbeln lassen

137. ◇ PAPIERFLIEGER falten und fliegen lassen

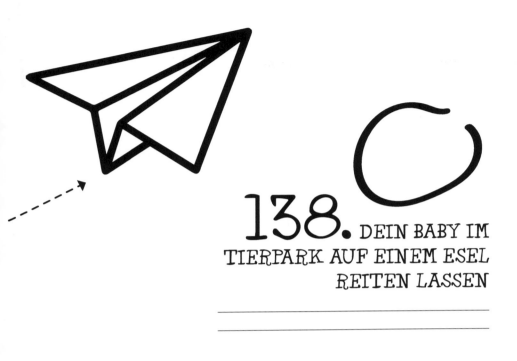

138. DEIN BABY IM TIERPARK AUF EINEM ESEL REITEN LASSEN

☐ 139. Kastanien in einen großen Karton füllen und das Baby ein „Bad" nehmen lassen

 140.
Eiscreme für Kinder selbst machen
(Rezepte: breifreibaby, auf Youtube: Sallys Welt)

141.

Das Baby an der Hand bei seinen ersten Schritten begleiten

142. Mit der Babybürste gegenseitig witzige Frisuren bürsten

143.

Mit dem Strohhalm BLUBBERBLASEN in den Wasserbecher pusten

□ 144.
Zusammen auf einer Mauer balancieren

_____

_____

□
145. Mit Kinderschminke fantasievolle Gesichter zaubern

_____

_____

◯ 146.
IM WINTER SCHNEEENGEL MACHEN

_____

_____

□ 147.
Statt Kino: Mit Popcorn und Softdrinks einen Streaming-Abend zu zweit auf der Couch genießen

_____

_____

☐ **148.** Gemeinsam kleine Steine in den Bach werfen

_____

_____

149. Vor der Haustür mit Kreide malen

◯　　　_____

　　　　_____

　　　　_____

　　　　_____

　　　　_____

　　　　_____

150.

☐ Pläne für Babys ersten Geburtstag schmieden

_____

_____

_____

_____

_____

_____

_____

151.

Auf Papas Schoß „HOPPE, HOPPE REITER" spielen

_____
_____
_____
_____

☐ 152.
Babybrei Rezepte ausprobieren

_____
_____

☐ 153. Schon jetzt einen Babysitter für den ersten Abend zu zweit besorgen

_____
_____

☐ 154. GEMEINSAM EIN FAMILIEN-MEMORY MALEN UND BASTELN

_____
_____
_____

155. Die Großeltern mit einem spontanen
Babybesuch überraschen

_____

156.

Mit dem Baby im Arm am Strand über
die Wellen hüpfen

☐ **157.** Spiele aus der eigenen
Baby Zeit spielen (von
Oma und Opa)

_____
_____

☐
158. IN DEN ERSTEN WOCHEN NACH DER GE-
BURT EIN SPARKONTO FÜR DAS BABY ERÖFFNEN

_____
_____

☐ **159.**
Süße ACCESSOIRES zu Babys
erstem Geburtstag basteln

_____
_____

160. Den ersten Fuß- und Handabdruck entweder mit Farbe
oder mit Gips machen

_____
_____

◯ 161. Babys erste Wörter aufschreiben

_____

162. Mit dem Baby und dem Partner den ersten Spaziergang am See genießen

163.
Ein FOTOALBUM erstellen

164. Den ersten Shopping-Tag mit dem Baby genießen

165.
MIT ANDEREN MAMAS FACHSIMPELN

166. ☐ Den ersten
Urlaub mit dem Baby planen

○ 167. Ersten Familienausflug machen

☐ 168. Songs für das Baby schreiben
und mit dem Partner singen

☐ 169. Witzige Fotos zu dritt im
Fotoautomaten machen

☐ 170.
Musik kennenlernen - wenn möglich
kann das Baby auf einem Klavier erste
Töne selbst spielen

○ 171. EIN DIY-BABYBUCH GESTALTEN
(IDEEN: MAMA GRAPHICS, HIPP)

☐ **172.**

Den ersten Großeltern-Tag planen

_____

_____

173. Mit Baby auf ein KINDERFEST gehen

_____

◯ 174. Über die Spielplätze der
Umgebung schlendern

_____

_____

175.

Zur Babymassage
gehen– entspannend
für Mama und Kind!

_____

_____

_____

176.

MIT BABY UNTER
DEM SPIELBOGEN LIEGEN
UND GANZ NEUE
AUSSICHTEN GENIESSEN

---

177. Dem Baby die eigenen Lieblingsmärchen vorlesen

178.

Klassische Musik mit dem Baby anhören – kann
Babys Entwicklung positiv beeinflussen

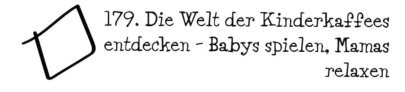

179. Die Welt der Kinderkaffees
entdecken – Babys spielen, Mamas
relaxen

180. Einen Überraschungs-Besuch bei der Verwandtschaft machen

181. Mit MITBRINGSELN von gemeinsamen Ausflügen etwas basteln

182. Mit Baby und Partner schön essen gehen

HMMM...

183. Zu dritt im Bett FRÜHSTÜCKEN

_____

_____

_____

184. Urlaub in einem Kinder- oder Familienhotel genießen

_____

_____

185.
Wer ist schneller? Gemeinsam über den Boden robben

_____

_____

_____

186. MIT DEM BABY EINEN MUSIK-KURS FÜR KINDER BESUCHEN

_____

_____

187. Gemeinsam zum Baby-Turnen gehen

188.

Baby-Badespaß –
zusammen mit dem
Baby baden

189.
In der Badewanne
ein Boot in See
stechen lassen

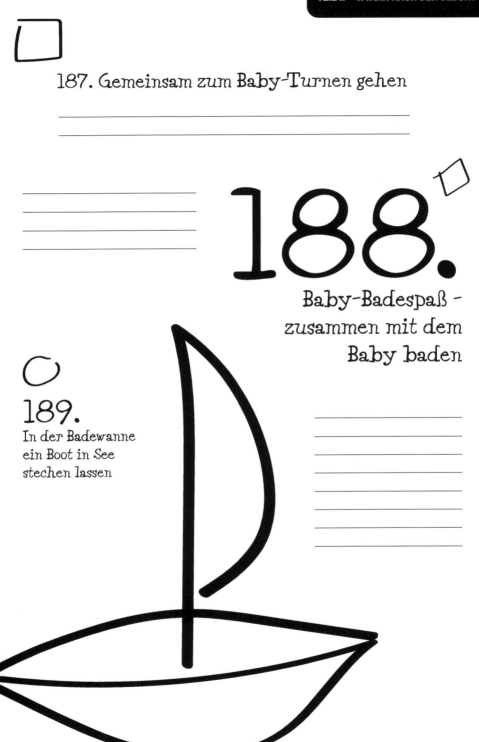

☐ **190.** MIT DEM BUGGY AN DER NÄCHSTEN
BAUSTELLE EINEN STOPP EINLEGEN UND DEN
FAHRZEUGEN ZUSCHAUEN

_____

_____

◯ **191.** Babys Lachen aufnehmen –
ein unvergesslicher Klang

_____

_____

☐

192. Meilen-
steine in Babys
Entwicklung
festhalten –
mit Fotos und
Notizen

193. Lieblingsbücher aus Omas und Opas Kindheit vorlesen

194. Baby sieht sich im Spiegel – lustige Reaktionen sind vorbestimmt

195. Den ersten SCHNEE berühren

196.

Babyfüßchen im Sand – Sommerurlaub am Strand

☐ **197.** Familien Fotoshooting planen

_____

_____

☐ 198. In **HÄNGEMATTE** mit dem
Baby gemeinsam einschlafen

_____

_____

_____

_____

○ **199.** In der Krabbelgruppe Freundschaften
fürs Leben knüpfen

_____

_____

☐ **200.**

Zum ersten Mal schaukeln –
Schaukelspaß mit dem Baby erleben

_____

_____

☐ **201.**
Babys erstes Lächeln
mit der Kamera
festhalten

○ 202. DIE ERSTEN
SCHRITTE DES
BABYS MIT DER
VIDEOKAMERA
FESTHALTEN

☐ 203. Packt die Badehose ein: Schwimmen gehen mit dem Baby

○ 204.
Papa und Mama singen Kinderlieder
aus der eigenen Kindheit vor

_____

_____

205.

PLÜSCHIGEN BEGLEITER SCHENKEN –
STOFFTIERE KÖNNEN DAS KIND EIN
LEBEN LANG BEGLEITEN

_____

_____

_____

_____

206. Die erste Frisur des Babys feiern

_____

_____

207.

Baby-Massage von Papa

208. Mit Farben matschen –
erste Kunstwerke des Babys

209.
Karneval erleben –
Baby im niedlichen Kostüm

210. DIE WELT AUS KINDERAUGEN
SEHEN – MITKRABBELN

211.
IN BÄLLEBAD SPIELEN

_____
_____
_____
_____
_____
_____

212. Ein Baumhaus für später bauen

_____
_____

213.
Auf einer Hüpfburg für Babys herumtollen

_____
_____

214.
Ein Puppentheater
selbst basteln

_____
_____
_____
_____

215.
Auszeit: Mit der besten Freundin
einen Eisbecher im Straßencafé
genießen

_____
_____

216. Foto des Monats schießen

_____
_____

217.
„BACKE, BACKE KUCHEN"
im Sandkasten spielen

_____
_____

☐ **218.** Zusammen einen Baby Schwimmkurs besuchen

_____

_____

○ **219. Baby in der Krabbelgruppe**
fotografieren

_____

_____

_____

_____

☐ # 220.

Mit Baby eine KUTSCHFAHRT
machen

_____

_____

_____

_____

☐ 221. Zusammen einen Bauernhof besuchen

_____

_____

☐ **222.** Mit Baby lustige Bilderbücher anschauen

_____
_____

223. ○ Babys erste Silben und Worte aufnehmen

_____
- -
- -
- -
- -

☐ 224. DEN SCHNULLER VORRAT
REGELMÄSSIG WIEDER
AUFSTOCKEN

☐ **225.**
Nützliche Sachen auch
für Papa kaufen

_____

☐ **226.** IM BABYPLANSCHBECKEN
DIE SONNE GENIESSEN

_____

_____

☐ 227. Partnerlook tragen, alle zusammen

_____

_____

◯ **228.** Dem Baby ein 3-Breie-Menü kredenzen

1. Gang

_____

_____

2. Gang

_____

_____

3. Gang

_____

_____

229.

Mit Fingerpuppen spielen

_____
_____
_____
_____

 230. MIT HANDPUPPEN SPIELEN

_____
_____

 231.

Einen Foto-Familienkalender erstellen

_____
_____
_____
_____

○ 232. Gemeinsam Pizza backen

 233. Erdbeeren oder Himbeeren pflücken gehen

234.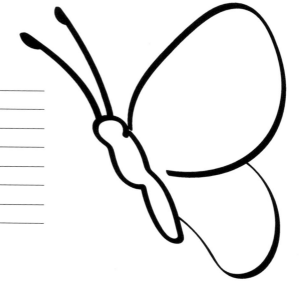

Einen Schmetterlingspark besuchen

235. ☐

Eine Sandburg bauen

---

236. Eine Erinnerungsbox basteln
    (Ideen: Pinterest: lovely wild moments) ☐

○ 237. EINE SPARDOSE
        BASTELN (IDEEN:
        PINTEREST: LOVELY
        WILD MOMENTS)

☐ 238. Auf der Kirmes eine Runde
im Kinderkarussell drehen

☐ 239. Eine Stadt aus Duplo-Bausteinen bauen

_____

_____

☐ **240.**

Ein Teekränzchen mit Kuscheltieren abhalten

_____

_____

_____

_____

○ 241. Kuscheltierarzt spielen

_____

_____

242. Abends alle
KUSCHELTIERE
☐ ins Bett bringen

_____

_____

_____

○ **243.** Das erste Picknick genießen und
dem Baby beim durch die Wiese
krabbeln zuschauen

_____
_____
_____
_____

244. MIT FINGERFARBE DIE FENSTER IM
☐ KINDERZIMMER BEMALEN

_____
_____

245. ☐

Familien - Zeitkapsel selbst basteln,
befüllen, vergraben und in ferner
Zukunft in Erinnerungen schwelgen

_____
_____
_____

246.

☐ Eine "Die besten Kinderlieder"-Playlist für das Auto erstellen

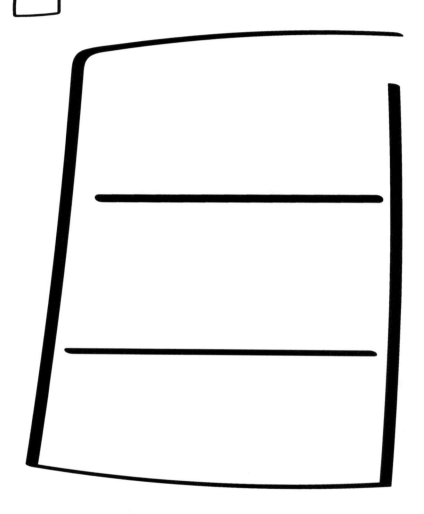

○ **247.** Einen Baby - Freizeitpark besuchen

☐ **248.** Baby mit lustigen Wickelspielchen
zum Lachen bringen

_____

_____

○

249. ZUSAMMEN AN EINEM
FABELKURS TEILNEHMEN

_____

_____

_____

☐ # 250.

Babygeburtstag mit den Babys, die um die gleiche
Zeit geboren sind, feiern

_____

_____

_____

SCHLUSSWORT

"Jedes Ende ist ein neuer Anfang."

So, jetzt habt ihr vermutlich bereits ausgiebig in unserer Ideensammlung gestöbert und vielleicht sogar den einen oder anderen Punkt in die Tat umgesetzt. Das ist prima!

Egal, ob ihr der Geburt eures Babys noch entgegenfiebert oder ob wir euch zu eurem Nachwuchs bereits gratulieren dürfen: Wir wünschen euch und eurer Familie von Herzen viel Freude und Spaß mit unserer Bucket List.

Lasst euch inspirieren und genießt diese wunderbare Zeit!

Haftungsausschluss

Dieses Buch enthält Meinungen und Ideen des Autors und hat die Absicht, Menschen hilfreiches und informatives Wissen zu vermitteln. Die enthaltenen Strategien passen möglicherweise nicht zu jedem Leser, und es gibt keine Garantie dafür, dass sie auch wirklich bei jedem funktionieren. Die Benutzung dieses Buchs und die Umsetzung der darin enthaltenden Informationen erfolgt ausdrücklich auf eigenes Risiko. Haftungsansprüche gegen den Autor für Schäden materieller oder ideeller Art, die durch die Nutzung oder Nichtnutzung der Informationen bzw. durch die Nutzung fehlerhafter und/oder unvollständiger Informationen verursacht wurden, sind ausdrücklich ausgeschlossen. Das Werk, inklusive aller Inhalte, gewährt keine Garantie oder Gewähr für Aktualität, Korrektheit, Vollständigkeit und Qualität der bereitgestellten Informationen. Druckfehler und Fehlinformationen können nicht vollständig ausgeschlossen werden.

Medizinischer Haftungsausschluss

Die hier dargestellten Inhalte dienen ausschliesslich der neutralen Information, Weiterbildung und Unterhaltung. Sie stellen keine Empfehlung oder Bewerbung der beschriebenen oder erwähnten diagnostischen Methoden oder Behandlungen dar. Der Text ersetzt keinesfalls eine medizinische Beratung durch einen Arzt oder Apotheker und er darf nicht als Basis zur eigenständigen Diagnose und Beginn, Änderung oder Beendigung einer Behandlung von Krankheiten verwendet werden. Bei gesundheitlichen Fragen, Beschwerden oder Problemen konsultieren Sie immer Ihren Arzt!

Printed in Poland
by Amazon Fulfillment
Poland Sp. z o.o., Wrocław
20 November 2023

da27807c-4d1c-404f-8913-b2b81b547864R01